Amor à moda antiga

CARPINEJAR

AMOR À
MODA
ANTIGA

Belas-Letras

© Copyright by Carpinejar, 2016

Editor
Gustavo Guertler

Coordenação editorial
Fernanda Fedrizzi

Revisão dos textos de capa
Germano Weirich

Capa e projeto gráfico
Celso Orlandin Jr.

Dados Internacionais de Catalogação na Fonte (CIP)
Biblioteca Pública Municipal Dr. Demetrio Niederauer
Caxias do Sul, RS

C298 Carpinejar, 1972-
     Amor à moda antiga / Fabrício
   Carpinejar. Caxias do Sul, RS:
   Belas-Letras, 2016.
    112 p.: 21cm.

    ISBN: 978-85-8174-286-1
    E-ISBN: 978-85-8174-285-4

    1. Poesia brasileira. I. Título.

16/17   CDU: 869.0(81)-1

Catalogação elaborada por
Cássio Felipe Immig, CRB-10/1852

Grafia atualizada segundo o Acordo Ortográfico da
Língua Portuguesa de 1990, que entrou em vigor no
Brasil em 2009.

IMPRESSO NO BRASIL

(2016)
Todos os direitos desta edição reservados à
EDITORA BELAS-LETRAS LTDA.
Rua Coronel Camisão, 167
Cep: 95020-420 - Caxias do Sul - RS
Fone: (54) 3025.3888 - www.belasletras.com.br

NOTA DO EDITOR

Fabrício Carpinejar escreveu este livro em seu apartamento no bairro Petrópolis, em Porto Alegre, entre a primavera de 2015 e o verão de 2016, em uma Olivetti Lettera 1982 verde-esmeralda. Intencionalmente, os textos não passaram por revisão, edição ou tratamento digital, depois de terem sido entregues pessoalmente pelo autor em três maços guardados em envelopes de papel pardo, na mesma ordem em que estão publicados nas páginas a seguir. No processo de criação, dezenas de esboços, escritos de maneira analógica, tiveram um fim igualmente analógico: papéis amassados em um cesto de lixo. Mas muitos deles serviram de faísca para que Carpinejar pegasse uma nova folha de papel em branco, girasse o cilindro da Olivetti com ela até a altura da guia de tipos, ajustasse as laterais da folha (quase sempre a folha fica desalinhada, por isso alguns textos parecem tortos) e, enfim, encontrasse a forma final do poema.

quem me ensinou a amar
não gostaria que eu usasse
o que aprendi com outras.
amar é desamar.

eu a pedi em namoro
quando ela amarrou
os meus sapatos.

eu a pedi em casamento
quando ela desamarrou
o vestido.

eu me perdi dela
quando ela amarrou
o seu rosto.

eu me reconciliei
quando ela desamarrou
os cabelos.

ontem mesmo
ela amarrou
a minha gravata.

temos sempre
um nó a fazer.

não me dê somente
a sua alegria,
ofereça também
a sua melancolia
para me preparar
a saudade.

quando me calo
e finjo ausência,
você me pergunta
o que estou pensando.
é certo que ~~sua~~ mentirei.
deveria me perguntar
o que estou sentindo.

preste atenção nos fumantes,
são monogâmicos.
fiéis a uma única marca de cigarro.
a uma única morte.

todo filho pequeno chora
quando saímos de casa.
recusam acenos, beijos,
abraços, amenidades.
Qualquer ~~toda~~ distância é despedida.
qualquer distância é derradeira.
as crianças são mais
sinceras e sábias.
ir é não voltar do mesmo jeito.
ir é imprevisível.

confio em casa
com assoalho
para ouvir passos.
confio em casa
com porão
para guardar o passado.
confio em casa
com cachorro
para acordar relógios parados.
confio em casa
com criança
e objetos quebrados.

casa com duas pessoas,
nao importa o tamanho,
será apenas quarto.

tiro a minha roupa
enquanto a sua mão
vai me vestindo.
nunca estarei nu
em seu corpo.

você é tão bonita
em meu amor.

fora de meu amor,

não nos apresentamos.

o que procuro

ao ver o mar

é brincar de nada,

perder o contorno

e a certeza do que enxergo,

ser a mistura diluída

entre rochedos, serra

e ilhas,

~~afogar~~ afogar-me a seco.

minha namorada

agradece quando esqueço

e conto a mesma história

de novo

e de novo.

jamais me interrompe,

jamais me adverte

da repetição.

ela perdoa homens sem memória,

mas não perdoa homens sem imaginação.

de manhã

seu beijo

começa

o suor

de meu corpo.

não culpo **deus**

pela caligrafia de meu rosto.

não se pode escrever bem

e ainda ter letra bonita.

uma criança berra

no supermercado.

não lamenta o que aconteceu,

seu choro é carregado de futuro.

quando treme em mim

o céu inteiro recua,

Você não sabe o quanto gastará

comigo

do seu paraíso.

choro para você

encontrar pistas

de onde estou

e vir atrás.
às vezes, não deixo
descobrir a minha solidão.
dificulto a dor

e engulo as lágrimas.

nossas raízes são as asas.

assim como uma borboleta

não é uma borboleta,
é uma flor aérea,
é o caule de uma flor
que jamais nascerá.

para dar certo,

o nosso amor

deveria ser escondido,

secreto,

sem o julgamento dos outros,

mas não contávamos

com a vaidade de nossa alegria.

você foi teimosa ao ficar comigo.

você foi teimosa ao decidir não me ver

nunca mais.

Teimosia junto, teimosia longe.

talvez tenhamos vivido somente

a prepotência da paixão.

o amor só vem
depois do orgulho,
bem depois,
entre o perdão e a paz.

não combinamos um

com o outro.

foi desesperador

estar quando

não estava,

ser quando

não era,

correr quando

caminhava,

dormir quando

chorava.

o beijo de despedida

ainda tinha o gosto

de uma alegria.

ao mesmo tempo

inédita e extinta.

quando não sou amado,

eu amo.

quando sou esquecido,

eu lembro.

quando sou segredo,

eu falho.

quando sou fala,

eu me escondo.

deveria fazer as pazes comigo

para não estar

permanentemente

em guerra contigo.

até a dor é enamorada no casal.

há uma comunicação secreta

no sofrimento.

o que você sente

eu pressinto.

o que doerá em você

dói em mim primeiro.

mesmo distantes.

mesmo separados.

nunca escolhi quem amar.

pretensão seria a minha.

até porque as maçãs podres

são as mais doces.

é pelo açúcar que adoecem.

é pelo excesso de sumo.

é pelo excesso de saúde.

a felicidade nos envelhece

mais rápido.

toda árvore tem uma grande

vergonha para ficar nua.

precisa ser desfolhada.

precisa que arranquem suas cascas.

precisa que podem seus galhos.

amor violenta a timidez.

até atingir a transparência.

os pássaros sempre são as últimas folhas.

levei quarenta anos

para chegar ao meu início

e começar uma vida

contigo.

só é livre quem não ama.

amar é nascer de novo

com o mesmo desamparo,

sem direito a escolher o nome

os pais, a casa.

é assumir as consequências

de um destino emprestado.

quando alguém diz que 'te adora'
está pedindo para que fique junto
até começar a amar.
não tenho paciência
com a falta de intensidade.

estou sempre adiantado
quando amo.
eu me declaro rápido,
eu me entrego rápido,
eu caso rápido,
depois perco tudo o que andei
e vivo recuando
com a saudade.

quando não consigo
o que quero,
fico irritado.
quando não sou o que desejo,
fico desesperado.
quando lhe perdi,
nem sofrer tinha graça.

até **no** momento
de jogar a manta
para trás
no inverno
eu lembro
quando você arrumava
seus cabelos
para a foto.

não invejarei
a sua felicidade com outro,
o sexo com outro,
a casa e os planos de casamento
para o resto da vida com outro.
não invejarei
o seu riso com outro,
os dentes alinhados Com ouTRo,
após três anos de aparelho comigo.

morrerei de ciúme
se por acaso
sofrer pelo outro
o que só sofreu por mim.

ser forte é também
mentir para si,
fingir que o amor acabou,
que a pessoa morreu,
que a pessoa nunca nasceu em sua vida,
que nada é,
que nada foi,
que nada existiu.

o eu te amo,
quando sozinho,
sempre será fraqueza.

não tiro a barba
desde que a primeira namorada
comentou que eu ficava
melhor assim.
eu me especializei
em esconder o rosto.
a barba são os óculos escuros
disfarçando
o longo e infindável
choro da boca.

ainda ama,
dolorosamente ama,
quando já separado
e vai transar
e não há como desfazer
o mal-estar
de que está traindo.

antes de conhecê-la,
fui um mendigo do cuidado.
deitei em albergues, hotéis, motéis,
maus lençóis,
não tinha noção
do luxo de dormir
em uma pele de mil **fios.**

SEU ROSTO

~~sua pele~~ pode envelhecer,
seu corpo pode envelhecer,
sua opinião pode envelhecer,
sua paciência pode envelhecer,
sua cultura pode envelhecer.

não deixe que a esperança envelheça
e não haverá mais como reconhecê-la.

na infância,
colhia as frutas verdes.
os pais me censuravam,
reclamavam da minha ânsia e pressa,
lamentavam o desperdício:
elas não estavam maduras.

juro que não aguentava
assisti-las pendendo,
sozinhas, enforcadas.

quando nem brigar faz efeito,
nem preparar as malas assusta,
nem a ferida é chantagem,
o meu sangue será apenas esmalte

para você pintar as unhas
e ficar bonita para o seu próximo namorado.

é ceder espaço a uma ambulância
na avenida
que já penso que algo lhe aconteceu.
é ser iluminado no trânsito
por uma sirene de bombeiros
que já imagino o nosso apartamento em chamas.
é reparar um tumulto em nossa rua
que já antecipo que é com você.

não há calma no amor.
os demônios são os meus anjos.
os pressentimentos são criminosos.
as tragédias treinam o meu raciocínio.

ao entrar em casa e encontrá-la,
não entende o exagero de meu abraço,
a desproporção de meu beijo,
parece que voltei mais apaixonado.
não há como explicar
que você sobreviveu
a mais uma morte
dentro de mim.

quando o filho berra
escandalosamente
no berço
durante a madrugada,
e o marido olha para a esposa,
a esposa olha para o marido,
e ambos esperam um sinal
de quem se levantará primeiro,
é nesta fração de segundos
que descobrem
o quanto estão dispostos
a continuar se amando.

o amor,
como a morte,
tem uma inocência assustadora:
seguiremos inconscientes
da hora fatal.

não há ninguém
ao meu lado
para ouvir
e arrumar sentido
naquilo
que falo
dormindo.

sou seu avô,
sou seu pai,
sou seu irmão,
sou seu filho,
mas só me vê
como seu homem
quando sou
completamente
estranho e inesperado.

as exs simplesmente desaparecem
na própria cidade.
assim como se acostumaram
a me chamar de meu amor,
elas se habituam a não procurar,
a não telefonar, a não se importar.
jamais nos cruzamos de novo,
jamais nos esbarramos de novo,
jamais nos enxergamos de novo.
até o destino aceitou
a nossa falta de sorte.

acabou a ansiedade
dos desesperados.
acabou a urgência
dos suícidas.
acabaram as datas comemorativas,
um dia é igual ao outro,
sem o sobressalto do eterno.

são normais de repente.
vestem a minha ausência
como quem concluiu uma dieta.
você se torna os quílos a mais
do passado.

você não mudou
a minha vida,
deu todos os motivos
para provar
que ela não estava errada.

quando o ódio
casa com o amor,
nasce a vingança.

confesso que liguei o rádio
para não me sentir sozinho,
confesso que deitei com a televisão acesa
para não adormecer sozinho,
confesso que telefonei para os amigos
para não jantar sozinho.
não confessarei,
sob hipótese nenhuma,
a minha saudade.
a submissão tem limites.

não posso passar o dia
sem ouvir a sua voz,
não posso passar o dia
desconhecendo a roupa
que escolheu para vestir,
não posso passar o dia
alheio ao que almoçou
ou sem perguntar se dormiu direito.

há casais que vivem desinformados,
com os seus dias solteiros
no casamento.

você partiu
antes que eu terminasse a relação.
você me esqueceu
antes que eu decorasse o discurso de despedida.
você morreu antes que eu lhe matasse.

é natural confundir
o que faltou dizer
com o que faltou viver.

para traí-la,
preciso me trair antes.
para enganá-la,
preciso me enganar antes.
não se mente para o outro
sem mentir para você mesmo.

a solidão deve ser honesta
para se fazer uma vida a dois.